VILLAGE SUR LE ZAMBÈZE.

(Croquis de M. P. Guyot.)

LES PORTUGAIS DANS L'AFRIQUE ÉQUATORIALE

Bien qu'un assez grand nombre de voyageurs (1) aient exploré le bassin du Zambèze depuis la découverte du fleuve (2) de ce nom par Livingstone (3), on n'en connaît pas encore exactement les limites, que l'on évalue déjà à plus de 2 millions de kilomètres carrés. Cependant, il est aujourd'hui hors de doute que cette région sur laquelle beaucoup de données font toujours défaut, même après les remarquables travaux de Holub (4) et d'Édouard Foa (5), est appelée à être la plus importante de la côte orientale de l'Afrique.

On en avait au reste la conviction même dans les temps anciens, car il est prouvé que les Portugais, à leur grande époque d'expansion coloniale, il y a trois cents ans, furent des pionniers aussi infatigables que hardis dans cette direction (6). Ils basent, encore maintenant, sur ces

(1) Voir, sur les explorations en Afrique équatoriale depuis 1850 et jusqu'à nos jours, le remarquable travail de M. Victor DEVILLE, *Partage de l'Afrique* (exploration, colonisation, état politique), publié par la Librairie africaine et coloniale, Joseph André et Cie. Cet ouvrage est indispensable à quiconque veut connaître les dernières conquêtes de l'exploration et de la colonisation africaines. (C. S.)

(2) Le Zambèze est le plus grand fleuve de l'Afrique; on peut le diviser en trois parties : Zambèze supérieur, de Zoumbo à la source; haut Zambèze, des gorges à Zoumbo; bas Zambèze, de l'embouchure aux gorges de Lupata.

(3) Voir LIVINGSTONE, *Explorations dans l'Afrique australe*, traduction Bélin de Launay (Hachette).

(4) Voir HOLUB, *Sieben Jahre in Sud Afrika* (Vienne, 1881), et *Au pays des Marutsés* (*Tour du monde*, 1883).

(5) Voir EDOUARD FOA, *A travers l'Afrique centrale, du Cap au lac Nyassa* (Librairie Plon, 1897) et l'appréciation sur cet important ouvrage dans *Petermann's Mittheilungen*, 1897.

(6) Le Zambèze, que Livingstone, Cameron, Serpa Pinto, Capello et Ivens ont

entreprises poursuivies par leurs aïeux, des droits qu'on ne leur conteste
que parce qu'ils n'appuient leurs prétentions sur aucun titre écrit. Quoi
qu'il en soit, ils y ont tracé les premières routes où sont revenus, dans
la suite, d'autres avant-coureurs de la civilisation, partis du Portugal
également, missionnaires, fonctionnaires, négociants, et qui ont précédé
les Anglais. Ceux-ci ont opposé aux revendications historiques la raison
du plus fort.

Le dernier conflit anglo-portugais n'a été que provisoirement apaisé
par des conventions qui n'auront de durée qu'autant que l'Angleterre
s'abstiendra de remettre sur le tapis cette question de l'*Hinterland* (1), si
favorable à toutes les querelles et si propre à tous les empiétements.
Aussi doit-on s'attendre, dans un avenir plus ou moins prochain, à des
événements qui fixeront de nouveau l'attention sur cette partie de
l'Afrique. Il est donc utile de l'étudier et de réunir les documents qui s'y
rapportent. Or, ces documents sont loin d'être rassemblés. Tout d'abord,
on ne possède aucun ouvrage où se trouvent réunis, soit dans leur texte
entier, soit même en résumé, les récits des voyageurs, et il n'y avait
même pas, il y a très peu d'années, de carte sérieuse du Zambèze, avant
celle qu'a dressée M. Édouard Foà. De là des renseignements incomplets
ou erronés, des indications qui ne sont en bien des cas que des hypo-
thèses. En un mot, la géographie du Zambèze reste encore à faire.

Cette lacune provient de ce que le fleuve se divise en plusieurs branches
d'une égale importance, conduisant dans des régions voisines l'une de
l'autre et à des sources différentes. Les géographes ne savent lequel de
ces cours d'eau est le vrai Zambèze, et, par suite, ils ne peuvent fournir
que des conjectures sur la configuration du bassin. C'est ainsi qu'on n'a
pas déterminé jusqu'ici quelle est la route la plus directe pour pénétrer
de la mer au Zambèze, et que la découverte, faite récemment, de la navi-
gabilité du canal du Tchindi a modifié les plans qu'on avait projetés
pour faciliter les communications dans la capitainerie portugaise de
Mozambique, afin d'y amener les navires (2).

Ces incertitudes sur le meilleur parti à tirer des voies fluviales se
retrouvent en ce qui concerne l'exploitation du sol. On n'ignore pas qu'il
est riche en charbon, en fer, même relativement en or, que la végétation
y pourrait donner des rendements élevés en essences forestières, ébène,
teck, acajou, indigotiers, palmiers, baobabs, citronniers, en plantes ali-

fait connaître de nos jours, a été navigué dès 1560 par les Jésuites de Goa. Le
Père Gonçalo de Silveira fit, à cette époque, la traversée des bouches du Zambèze à Tété et se rendit ensuite au Monomotapa. En 1665, un voyageur portugais, entre autres, Manoel Godinho, parle de ses voyages sur le Kouana (c'est
le nom que l'on donnait anciennement au Zambèze) et sur le Chiré. En 1710, le
Père Francesco da Souza parle non seulement du Zambèze comme d'un cours
d'eau, mais de tous les territoires environnants qu'on a redécouverts depuis.
Parmi ceux qui connurent le fleuve ou tout au moins sa plus grande partie, au
commencement du siècle actuel, il faut citer surtout Joao de Jesus Maria. Ce
fut lui qui, malade et soigné par le docteur Kirk, lequel appartenait à l'expédition de Livingstone, lui donna de précieux renseignements sur le Zambèze,
le Chiré et le fameux lac Nyassa (Edouard Foa).

(1) L'*Hinterland* (pays en arrière) est la zone d'influence et de future pénétra-
tion d'un Etat européen dans les possessions africaines. (C. S.)

(2) Voir l'ouvrage de Foà, cité plus haut. Tout ce que dit l'auteur sur le Zambèze est du plus grand intérêt et rectifie de nombreuses erreurs, entre autres
celle qui attribue communément la première découverte du Zambèze à Livingstone et celle qui concerne le cours du fleuve. (C. S.)

mentaires, textiles, oléagineuses, en tabac, en caoutchouc, en canne à sucre, que l'élève des bestiaux y prospérerait, mais on n'a aucune statistique sérieuse à cet égard.

D'ailleurs, l'agriculture et l'industrie y sont méprisées par les colons, qui s'enrichissent en faisant la traite des noirs, et le commerce avec l'intérieur de l'Afrique est gêné par le manque de routes.

Le Mozambique est, sous bien des aspects, un pays où tout est à créer et à organiser, faute d'administration (1).

En 1881, une mission française y fut envoyée pour étudier les divers gisements miniers et principalement ceux de houille. Cette mission avait à sa tête M. J. Carlos Païva d'Andrada, capitaine d'artillerie attaché à la

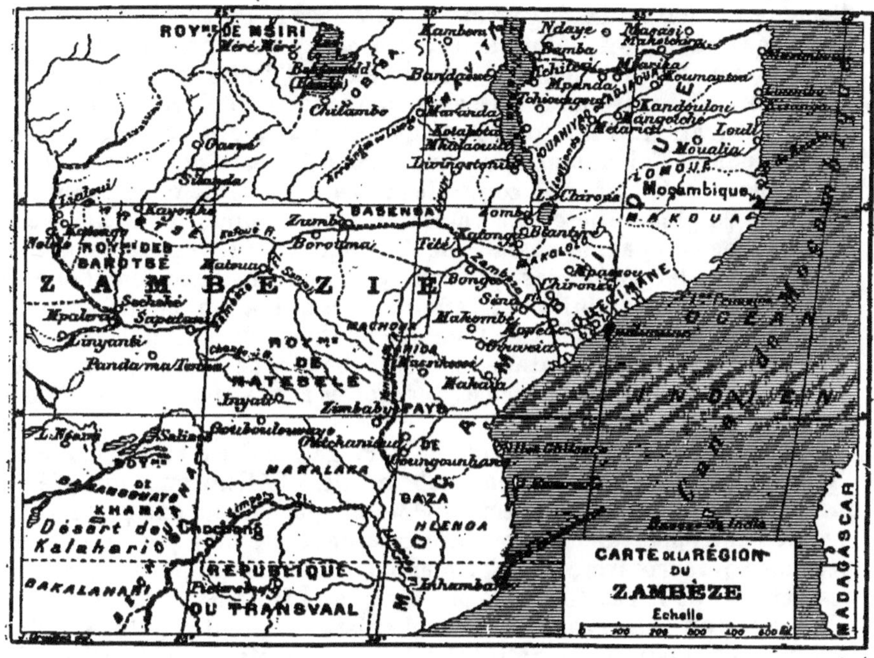

CARTE DU ZAMBÈZE.

légation portugaise à Paris elle se composait en outre de plusieurs ingénieurs civils, d'ingénieurs des mines, d'un chimiste, M. P. Guyot, d'un médecin, d'un maître mineur, de mineurs et de laveurs d'or. Elle fit le voyage du Zambèze, dont M. Guyot a écrit le récit (2), et explora les pos-

(1) Les possessions portugaises comprennent dix districts : Cabo Delgado (chef-lieu, Ibo), Mozambique, Quelimane (villes principales, Quelimane et Séna), Sofala, Chiloane (villes principales, Chiloane, Bazarouto), Manica, Inhambane, Lourenço Marqués, Tété (villes principales, Tété et Zoumbo). La colonie coûte actuellement au Portugal plus de 3 millions, les recettes n'étant que de cette même somme et les dépenses de près de 6 millions. C'est, à tout prendre, un bien de luxe (!) et non de rapport. (C. S.)

(2) C'est à ce récit que sont empruntées les pages qu'on lira plus loin. L'ouvrage a pour titre : *Voyage au Zambèze*, par Paul Guyot, chimiste, membre de la mission Païva d'Andrada au Zambèze. (Paris. Librairie africaine et coloniale Joseph André et Cⁱᵉ.) Nous devons à l'éditeur propriétaire la gracieuse autorisation de reproduire le texte et les gravures.

sessions portugaises, principalement les districts de Quelimane, de Sena, de Têté et de Zoumbo. Ses résultats ne furent en grande partie que scientifiques, mais ils permirent au capitaine Païva d'Andrade, qui avait, du reste, déjà visité l'Afrique orientale en 1879 et connaissait par conséquent la région, d'y cimenter ses rapports amicaux avec les chefs indigènes. Ce furent les commencements de relations d'intérêts, surtout avec le Manica (1), dont le plateau est célèbre par ses alluvions aurifères. Des compagnies portugaises se formèrent pour y exploiter les placers d'or, et M. Païva d'Andrada, devenu colonel en 1885, conclut un traité de protectorat dans ce but avec le roitelet nègre. Au mépris de cette convention, M. Colquhoun (2) en fit signer une autre par le chef, après l'avoir enivré, dit-on, et, annulant les engagements faits avec le Portugal, il remplaça à Villa-Gouvéia, chef-lieu du Manica, le drapeau portugais par le drapeau anglais. On alla plus loin. Le colonel Païva d'Andrada, attaqué par les Anglais, fut fait prisonnier avec ses compagnons. Le Portugal avait droit à une réparation. Plus fort, il n'eût pas manqué de considérer l'acte commis par M. Colquhoun comme un *casus belli*; mais que pouvait le petit gouvernement de Lisbonne contre le puissant gouvernement de Londres? Une fois de plus l'Angleterre ratifia le coup de main d'un chef d'expédition d'une compagnie anglaise de l'Afrique. On fit, des représentations du Portugal, le peu de cas que dans toute circonstance semblable l'on fait des griefs des faibles, et l'affaire se termina diplomatiquement en augmentant encore la part britannique (3) là où elle était déjà si vaste et comprenait le pays des Matabélés, des Machonas, des Barotsés, des Makololos, le Blantyre et les immenses territoires situés entre les lacs Nyassa, Bangouélo et Tanganyika.

Une rivale, plus menaçante que le Portugal, se dresse toutefois devant l'Angleterre dans le bassin du Zambèze : c'est l'Allemagne, qui y a déjà pris pied et qui guette de son côté le Mozambique comme une proie à saisir au moment opportun. Tôt ou tard, ces deux grandes puissances européennes se rencontreront fatalement dans l'expansion de leurs zones respectives. Et il est facile de prévoir que le Mozambique ne sera point entre elles un tampon comme l'Afghanistan l'est entre la Russie d'Asie et l'Inde anglaise. Le vingtième siècle sera certainement témoin d'un remaniement de la carte d'Afrique, qui sans doute y supprimera les droits d'ores et déjà si peu défendus par les armées portugaises.

Charles Simond.

(1) Le Manica s'étend entre le Zambèze au nord et le Poungoué au sud, entre l'Océan à l'est, le Mashonaland à l'ouest. Il comprend une population nombreuse et doit son importance non seulement à ses productions en métaux précieux, mais encore à la richesse du sol.

(2) M. Archibald Colquhoun, un des agents les plus actifs des ambitions et des annexions anglaises en Afrique et en Asie, est l'auteur de la *Chine méridionale* (*Across Chysè*), dont nous avons publié la traduction en deux volumes. (*Autour du Tonkin*, par Archibald Colquhoun, traduction Charles Simond. Paris, Lecène et Oudin.)

(3) La frontière entre les Anglais et les Portugais a été reculée à l'est, au détriment du Portugal. (C. S.)

UNE RUE DE LA VILLE DE TÉTÉ.
(Croquis de M. P. Guyot.)

LE ZAMBÈZE

DE QUELIMANE A TÉTÉ

I

UNE FÊTE A QUELIMANE.

Le 13 avril 1881, la mission française des mines envoyée pour explorer une partie du bassin du Zambèze arrivait en vue de Quelimane, où le steamer *Assyria*, de la Compagnie *British India*, devait décharger le matériel et les approvisionnements nécessaires à l'expédition. Dès que les formalités qui accompagnent toujours les atterrissages eurent été accomplies, les membres de la mission se rendirent à terre, où ils reçurent un bon accueil des Portugais de la ville et des deux ou trois Français qui sont, là-bas, les agents d'une maison marseillaise dont les comptoirs sont répartis dans tous les ports des côtes orientale et occidentale de l'Afrique.

Quelimane (1), l'une des quatre cités portugaises (Quelimane, Sena, Tété et Zoumbo) sur les rives du Zambèze, se divise en deux

(1) Le 25 janvier 1498, Vasco de Gama découvrait l'embouchure de la rivière de Quelimane et la localité du même nom, qui était alors un petit village d'indigènes situé sur la rive gauche. Il appela la rivière Rio dos Bons Signaes. A l'exception d'une factorerie portugaise datant de 1544, la ville resta à peu près inconnue jusqu'en 1763, date où elle prit le nom de S. Martinho de Quelimane. Le commerce s'y développa rapidement, parce qu'elle était, à cette époque (et elle est d'ailleurs restée jusqu'à nos jours), le seul débouché naturel du Zambèze. Les Portugais s'y établirent en grand nombre, et une ville importante se forma en peu de temps à la place du village. Aujourd'hui sa

quartiers : celui des noirs et celui des blancs. Le premier n'a pas d'emplacement proprement dit; il est nomade. Situé au nord et au nord-est du second, il est le plus éloigné du port et se compose de *paillottes* dont l'existence est éphémère et qui disparaissent ou changent de place plusieurs fois l'an, selon les caprices de leurs habitants, vivant entassés dans ces réduits enfumés, sans aucun souci du lendemain.

Dans la partie civilisée, on rencontre un mélange de Maures, de Banians et d'Européens. C'est d'abord la maison du gouverneur surmontée du pavillon portugais, vaste habitation en pierres blanchies à la chaux, rendue habitable par les nombreux *pancas* qui ornent chaque chambre et que des domestiques, noirs pour la plupart, agitent de temps en temps afin de renouveler l'air et de l'entretenir dans un état supportable de fraîcheur. Puis, au bord de la mer, les factoreries hollandaises et françaises qui, avec la maison anglaise, concentrent la totalité du trafic sur le haut Zambèze et sur le Chiré.

Il nous a été permis d'assister à la grande fête qui se célèbre le jour de l'an et qui se pratique avec un apparat des plus solennels. Dès l'avant-veille du jour consacré, les naturels se rendent chez les Européens avec lesquels ils font des affaires et leur empruntent tous les objets qui peuvent servir à décorer l'intérieur de leurs habitations. Ils choisissent, au milieu des articles de bazar que vendent à gros bénéfices les agents des factoreries, les marchandises les plus bizarres et les plus clinquantes. Tout est bon, pourvu que cela soit brillant et riche en couleurs. Aussi est-ce avec un sérieux de commande que nous avons visité ces musées d'un nouveau genre. Ici une chromolithographie, représentant les plaisirs de la pêche, coudoie le portrait d'un assez gros personnage politique devant lequel brûlent une douzaine de lampions. Là, une Vénus, jouant avec son chien et son chat, fait pendant à un prince de Galles ou à un roi de Hollande. Ailleurs, ce sont des scènes religieuses qui tournent le dos à des images d'Epinal. Les sujets les plus disparates se trouvent mêlés; des bacchantes ont place à côté des portraits des illustres du jour, et chaque nation peut y reconnaître les siens. Des boîtes à musique égayent le tout d'airs plus ou moins fantaisistes ou faux. C'est à la tombée de la nuit

prospérité va en déclinant, et ce port a beaucoup perdu depuis cinquante ans. La baie de Quelimane a environ six ou sept cents mètres de largeur. Le golfe est terminé au nord-est par une pointe de terre, le cap Tangalane, où existent un petit phare à feu blanc visible à environ dix milles et une station télégraphique qui transmet à Quelimane les nouvelles du large. La barre de Quelimane est peu dangereuse, mais elle ne doit être passée qu'aux heures de haute marée. A environ un mille et demi à l'ouest de la ville commence le Rio dos Bons Signaes proprement dit; sa largeur est alors considérable, de trois à quatre cents mètres. Il prend le nom de Kouakoua à trente kilomètres plus loin, à Magroumba. En somme, Quelimane est une ville très pittoresque et très agréable à l'œil, mais très malsaine; il faut la visiter, s'y promener deux ou trois jours... et s'en aller au plus vite. (E. FOA, *Du Cap au lac Nyassa.* Plon, Nourrit et Cⁱᵉ.)

que commence vraiment la fête; il faut, sous peine d'être mal vu, rendre visite à toutes les cases et jouir du coup d'œil. Mais, si là se bornait la corvée, on s'en tirerait à bon compte. On doit aller saluer le maître de la maison, répondre au *salem* que vous adressent tous les habitants mâles et tâcher d'apercevoir, à moitié enfouies sous des tentures, de jeunes femmes qui seraient assez jolies sans leurs yeux creux, leur face jaune, blafarde, étiolée et leurs dents teintes en rouge. Par contre, elles sont parées de tous leurs trésors (c'est à celle qui étalera le plus de bijoux de l'Inde) et ne disent pas un mot. Quand l'inspection est terminée, quand on a bien vu les exhibitions fantaisistes du Banian, il faut absorber des friandises locales en s'asseyant à la turque sur de riches tapis ou sur de simples nattes. La plus offerte et la moins goûtée — par nous du moins — des friandises confectionnées pour la fête est un croquet que nous ne recommandons pas aux personnes civilisées. C'est une pâte ferme, assez dure même, obtenue en faisant cuire sur des plaques de fer chauffées au rouge de la farine de sorgho pétrie à l'huile d'arachides, agrémentée de fragments de copra et saupoudrée de grains de millet, le tout coloré au curcuma, assaisonnement indispensable de la cuisine indienne. Enfin, quand la collation est terminée et qu'on a fumé plusieurs cigarettes de tabac parfumé venant de l'Orient, on apporte les pétards indispensables qu'il faut faire partir en l'honneur de ses hôtes devant les statues de Brahma et de Vichnou.

Ces pétards, un peu plus gros qu'une allumette mais moins longs, sont rangés, au nombre de quatre-vingt-seize, des deux côtés d'une mèche inflammable, et six de ces mèches forment un paquet. Selon la position sociale du visiteur ou la fortune du Banian, celui-ci offre un nombre plus ou moins grand de paquets que l'on allume en l'honneur des dieux lares qui vous regardent d'un œil soi-disant satisfait. Aussi n'entend-on qu'une vive fusillade toute la nuit. Chez un riche Banian, nous avons dû brûler, dans la chambre de notre hôte, plus de trente mille fusées en quelques minutes. Après cela, il nous a fallu céder la place à d'autres et aller recommencer chez le voisin ce que nous venions de faire chez le premier qui s'était trouvé sur notre route.

La fête n'est pas seulement pour les Banians; les gens du pays en profitent aussi, et leur plus grand amusement consiste à se lancer des paquets de fusées entre les jambes.

II

L'OPIUM.

Mopéa est une ville de fondation portugaise, aujourd'hui presque en ruine. Elle est située à quelques kilomètres du Zambèze et servait jadis d'entrepôt aux marchandises venant de Quelimane et déstinées à l'intérieur. Maintenant, à cause des nombreuses difficultés que la navigation présente, les négociants préfèrent remonter la rivière jusqu'à Nhandoa (1), décharger là leurs canots ou *lanches*, puis gagner le Zambèze en trois journées de marche en suivant les bords du Muto et dépassant cette rivière pour se rendre à Muscatacata, où l'on peut facilement s'embarquer sur le grand fleuve. De Mopéa l'on gagne Chaïma en très peu de temps; c'est actuel-

VUE DE LA RIVIÈRE DE QUELIMANE.

(Croquis de M. P. Guyot.)

lement le lieu de débarquement des rares marchandises qui remontent le Kouakoua; c'est un village nègre d'une dizaine de paillottes qui n'est situé qu'à 3,500 mètres de Muscatacata, où l'on peut se rendre par un chemin assez facile à parcourir.

(1) Il y a cependant encore à Mopéa des magasins tenus par des Indous ou Banians (dénomination qu'on leur donne invariablement, qu'ils appartiennent ou non à la caste ainsi appelée). Une grande partie, pour ne pas dire la majorité des transactions qui se font sur toute la côte orientale d'Afrique, est entre les mains de ces Banians : ils ont le don du négoce au détail, se contentent de peu, vivent de rien et entendent leurs affaires d'une façon hors ligne : ce sont de vrais juifs, dans l'acception bassement intéressée du mot. Ils amassent sou

C'est près de Chaïma que M. Païva Raposo a fondé une grande culture de pavots destinés à la préparation de l'opium.

La culture du pavot commence vers le mois de novembre; on débute par brûler les herbes qui couvrent le terrain, et on laboure le plus profondément possible avec une houe à manche très court. Au bout de quelques semaines, l'herbe, qui a de nouveau envahi

VUE DU ZAMBÈZE PRÈS DES GORGES DE LUPATA.

la terre, est brûlée; on bèche ensuite et l'on répète six ou sept fois cette opération avant que le terrain soit propre à recevoir la semence. La terre, suffisamment ameublie et purgée de la végétation parasite qui tend à l'encombrer, est divisée en une série de petits carrés, séparés entre eux par des bourrelets de terre et qui

par sou et viennent, en se remplaçant, faire en Afrique des séjours de trois à cinq ans. La plupart sont originaires de Bombay, et toutes leurs marchandises leur sont expédiées de ce point par les boutres qui arrivent en rade de Quelimane. (E. Foa.)

communiquent avec un canal placé à un niveau supérieur. Ce canal amène l'eau d'arrosage; des fossés secondaires, destinés à recevoir l'eau qui s'écoule des terres arrosées, sont creusés en contre-bas des carreaux de plantation.

La graine de pavot étant extrêmement ténue est, avant les semailles, mélangée avec une certaine quantité de terre. Les plants lèvent au bout de quatre à cinq jours; on laisse croître en les sarclant soigneusement jusqu'à ce qu'ils aient atteint une hauteur de 25 à 30 centimètres. On éclaircit alors de manière à ne laisser qu'un pied par 4 à 5 décimètres carrés; on procède à de nouveaux sarclages, puis on butte. Alors apparaît la fleur, puis vient ensuite la capsule; c'est le moment de recueillir l'opium. Vers une ou deux heures de l'après-midi, on pratique sur chaque capsule trois ou quatre incisions. Le lendemain matin, des ouvriers viennent recueillir le produit écoulé; ils le versent dans des sébiles en métal qu'ils transvasent ensuite dans des caisses en fer-blanc doublées en bois. Ces caisses, qui mesurent $0^m,60 \times 0^m,45 \times 0^m,40$, remplies aux trois quarts, contiennent chacune environ 50 kilogrammes d'opium. La capsule d'où le produit a été tiré achève de mûrir, et, vers la fin de septembre ou au commencement d'octobre, on la recueille, on la fait sécher, puis on la bat pour en extraire la graine. On opère ce battage en étendant les capsules sur de grandes toiles, en faisant piétiner les noirs dessus, puis en passant le tout au crible. La terre est alors à préparer pour une nouvelle récolte; en 1880, la compagnie Raposo a ensemencé 44 hectares de terrain, et en 1881, près de 80.

A Chaïma, l'opium est récolté soixante-quinze jours environ après les semailles, tandis que dans l'Inde il en faut près de quatre-vingt-dix. Le produit à l'hectare est de 55 à 60 kilogrammes d'opium brut; la moyenne dans l'Inde est de 50 kilogrammes.

L'eau nécessaire à la plantation est fournie par deux lagunes mises en communication; elle est élevée par une locomobile de huit chevaux de force, qui la conduit à $5^m,50$ de hauteur et la déverse sur la plantation par divers conduits.

On fait aussi le travail à la houe, mais il est primitif; à notre remarque, on nous a répondu avoir essayé le labourage à la charrue au moyen de bœufs, mais ces animaux ne peuvent résister à une journée de travail sous le soleil brûlant du Zambèze, et surtout à la mauvaise nourriture qu'on leur donne. Plusieurs sont morts d'insolation.

Le pavot, nous a-t-on affirmé, ne redoute aucun parasite; le vent seul, au moment de la récolte, en compromet les résultats et peut même la perdre complètement. L'opium recueilli se conserve indéfiniment dans les caisses dont nous avons parlé, et à découvert. Il exhale une légère odeur *sui generis;* mais ce n'est pas en cet état de pâte visqueuse qu'il est livré au commerce. Il n'est bon ainsi que pour les pharmacies; on le brasse ordinairement avec une matière dont on ne nous a pas fait connaître la nature, et on en forme des boules du poids invariable de 500 grammes.

Les proportions employées pour le mélange sont de 20 pour 100 d'opium pur et de 80 pour 100 de la matière inconnue. Ces boules sont soigneusement mises dans des caisses qui en contiennent soixante-dix kilogrammes; l'emballage se fait avec minutie. Au fond de la caisse on met un lit de poussière obtenue en broyant les capsules vides et les feuilles des pavots, puis un lit de coton indigène; par-dessus, on pose les boules d'opium et l'on continue la même disposition jusqu'à ce que la caisse soit remplie. L'opium ainsi préparé est envoyé dans l'Inde, où on le paye à raison de 50 ou 60 francs le kilogramme. La valeur du produit vendu en 1880 a été d'environ 600,000 francs.

III

MARIANNO, LE CAPITAŌ-MOR.

A la fin de 1880, une révolte ayant eu lieu en face de Sena (1), le gouverneur de Quelimane fit appel aux gens de Meissinger et du Guingue et partit au commencement de 1881 pour châtier les rebelles. L'expédition, habilement menée, fut de courte durée : elle venait d'être terminée lorsque nous arrivâmes à Mopéa. C'est grâce à cette circonstance que nous fîmes la connaissance du triste personnage nommé Paul Marianno du Val des Anges, le dernier descendant et successeur du Marianno qui, il y a de cela vingt-cinq ans, rançonnait et pillait les voyageurs et trafiquants qui s'aventuraient vers la Chupanga ou l'embouchure du Chiré. Paul Marianno, qui est lieutenant-colonel de l'armée portugaise à titre auxiliaire, arriva une nuit à Mopéa et s'en vint frapper à la porte de la maison qu'habitaient plusieurs de nos compagnons.

— Qui est là? demanda-t-on.

— Je suis Marianno du Val des Anges, capitaō-mor de Meissinger, je viens avec le lieutenant Péchotte, deux caporaux et dix-huit soldats, t'amener les chefs de la révolte.

— Que veux-tu que je fasse de tes prisonniers? Ce n'est pas ici qu'on les enferme. La prison est à la caserne de Mopéa.

— Je le sais bien, répond l'illustre officier, mais apprenant que des amis sont là, je n'ai pas voulu passer sans les saluer (il était

----

(1) Sena est une ville qui est complètement tombée. Elle était autrefois le centre d'un grand commerce, surtout il y a deux cent cinquante à trois cents ans, alors que les mines et les richesses que l'on supposait exister au Monomotapa attiraient dans ces régions des traitants portugais et arabes. Il ne reste aujourd'hui de la ville que quelques maisons délabrées et des cases indigènes. Il n'y a pas à regretter Sena, endroit excessivement malsain. (E. FoA.)

deux heures après minuit), et puis, il fait frais, le brouillard...

Ce motif était certainement le vrai ; nos amis le comprirent et en furent quittes pour une distribution de cognac. Marianno réchauffé se retira, promettant que l'un de ces jours il reviendrait sans façon déjeuner avec nous.

Il tint parole, et, le jour même où nous eûmes le désagrément de faire sa connaissance, il vint sans aucune cérémonie se placer à

SUR LÀ RIVIÈRE DE QUELIMANE.

(Croquis de M. P. Guyot.)

notre table. Très fortement ému dès son arrivée, il fut néanmoins convenable et nous procura le plaisir de voir un officier en tenue, à la face noire, se retirer chez lui ayant une glace de treize sous accrochée après les boutons de son habit et jouant d'un accordéon qu'il nous empruntait à fonds perdu (1).

(1) Marianno avait parfois des idées un peu sanguinaires. Voici son dernier exploit accompli à Meissinger, à la fin de l'année 1881 : ayant bu du *pombé* et de l'eau-de-vie plus que de raison, il se mit à l'affût près de sa case et tira sur les noirs qui passaient à sa portée. Trois furent tués. Quand son ivresse fut dissipée, il rentra chez lui sans s'inquiéter d'un châtiment quelconque, car il savait que le gouvernement n'avait ni la volonté ni la force de l'attaquer sur ses terres pour lui demander compte des assassinats qu'il venait de commettre.

On trouvera peut-être étrange que nous fréquentions des gens de cette espèce, mais il faut se souvenir que nous sommes dans un pays encore très sauvage où Marianno, chef d'un immense territoire que nous allons traverser, est un homme à ménager. La puissance du gouvernement portugais dans sa colonie de Mozambique est tellement nulle, qu'il suffit d'un Marianno quel-

FEMME DU ZAMBÈZE.

conque pour la tenir en échec. D'un mot ce souverain de vingt et quelques années peut interdire à toute personne, même au gouverneur, la circulation sur ses terres; il suffit d'un mot de lui pour que les almandiã, les côxes, les rames, les mariniers, les machillaires (1), les guides disparaissent et que l'on soit réduit à ses

(1) La « machilla » est le moyen de locomotion le plus usité dans le Mozambique. C'est une plate-forme suspendue par quatre chaînes à une perche que quatre hommes portent sur leurs épaules. La longueur des chaînes est telle que la plate-forme est à peine à trente centimètres du sol et qu'on avale ainsi

propres ressources dans un pays où l'on vous refuse la moindre nourriture.

C'est bien pour amadouer ces chefs que le gouvernement portugais leur a donné des titres gratuits qui leur permettent d'endosser un uniforme brillant, chamarré de galons; il croit ainsi les tenir. Nous le lui souhaitons, mais les idées d'indépendance que manifestent les fils du pays font craindre pour l'avenir.

Marianno, pendant son séjour à Mopéa, reçut d'un habitant une hospitalité un peu forcée. Au bout de quelques jours il avait, par ses excès d'intempérance et le tapage qui s'ensuivit, tellement fatigué son hôte, que celui-ci le pria de prendre la porte. Il partit furieux, jurant qu'à dater de ce moment il y aurait guerre à mort entre lui et ceux qui venaient de l'héberger. Cette aventure eut au moins ceci de bon, c'est que Marianno reprit la route de Meissinger au lieu de descendre à Quelimane.

C'est le gouverneur qui fut enchanté lorsqu'il apprit cette nouvelle ! —

IV

LES COSTUMES.

Les objets de toilette des naturels du Zambèze sont peu variés; tantôt les hommes restent nus, tantôt ils entourent leur taille d'un morceau d'étoffe qui tombe à mi-cuisses et qu'ils fixent quelquefois à l'aide d'un fil de sensevière ou d'un boyau de poisson. Cette toile, presque toujours de provenance européenne, est blanche ou teinte en noir avec le *chisio*, légumineuse abondante sur la rive gauche du Zambèze. Dans plusieurs prazos, ils se couvrent de peaux de bêtes qu'ils ont préparées eux-mêmes.

Les femmes portent une sorte de tablier court en étoffe ou tissé en perles, et par-dessus une brasse de calicot qu'elles font tenir comme les hommes. Elles recouvrent le tout d'un pagne, souvent en toile de Bombay, qui prend au-dessus des seins et descend jusqu'aux genoux; une écharpe, faite par les tisserands du pays, leur sert de ceinture. Les enfants sont presque toujours nus ou enveloppés du pagne de leur mère, qui les porte sur le dos ou sur la hanche.

Quand il pleut ou lorsqu'ils voyagent sur le fleuve, les hommes

à profusion la poussière soulevée par les pieds des porteurs. On s'assied à même sur cette planche, généralement à claire-voie; elle est, dans ce cas, pourvue d'un dossier et les jambes sont étendues, ou bien on a pour siège un petit fauteuil. Le tout est protégé contre les ardeurs du soleil par une tente à parements dentelés, qui varie de couleur au gré du propriétaire. Le comble de l'élégance est d'avoir le bambou-perche couvert d'une peau de zèbre; les quatre hommes ayant un costume semblable. (E. Foa.)

ajoutent à leur costume une sorte de peplum fait de deux ou trois brasses de coton teint en noir. Dans les villes du littoral, les « mulecks » ou domestiques utilisent de vieux vêtements militaires.

Il est presque inutile de dire que les naturels marchent pieds nus, mais ce qui peut être noté avec intérêt, c'est qu'en général ils ont les pieds plats, ce qui ne les empêche nullement de faire des marches suivies et assez longues sous un soleil brûlant. La marche moyenne d'un noir, dans les sentiers tracés à travers le mato, est d'environ vingt kilomètres par jour, avec un fardeau moyen de vingt à vingt-cinq kilogrammes.

En général, les naturels ont la tête découverte ; cependant, à Massangano, nous en avons vu avec des bérets en feuilles de palmier découpées et tressées très fin ; ils étaient embellis par une bordure noire placée au tiers de la hauteur. Vers la Maxinga, les guerriers portent sur le sommet de la tête un gros bouquet de plumes montées sur des fils d'aloès ou de bouazé, de telle sorte que celles-ci peuvent s'étaler à volonté. Il est fixé au moyen d'une cordelette entourant le front.

Les naturels du Haut-Muaraze sont coquets et soigneux de leur personne ; les femmes ont la tête rasée, tandis que leurs maris ornent leur chevelure crépue de plumes aux couleurs brillantes, peignes de formes variées ou carapaces de coléoptères.

Nous avons vu trois sortes de peignes : le plus simple, en bois dur jaunâtre, n'a qu'une dent de dix centimètres environ ; c'est plutôt une épingle dont la tête est taillée au couteau. Le second, à deux dents, est en bois dur, rougeâtre et parfumé, dont le nom cafre est *mochombé* ; l'espace compris entre les deux dents est d'environ deux centimètres ; la partie supérieure est plate et sculptée avec goût. Le troisième, qui est le plus répandu, a six ou huit dents composées de brins de roseaux effilés réunis par du bouazé ; il a la forme d'un éventail.

Les carapaces de coléoptères sont fixées dans les cheveux par un fil de bouazé, d'aloès, de boyau de poisson, ou simplement par une liane très fine et résistante que l'on rencontre à chaque pas.

Comme bijoux, les femmes portent des colliers en fil de laiton, ou en bois découpé, mêlés de coquillages, de perles et de carapaces de coléoptères ; des bracelets en fer ou en laiton, et aux jambes des anneaux de même métal. Quelques-unes enroulent autour de leurs jambes un fil de laiton, très fin, tourné en spirale, et qui a quatre ou cinq mètres de long. Mais le plus singulier de ces bijoux est le *pélélé* ou bague de lèvre. Dès l'enfance, on perce la lèvre supérieure et l'on agrandit le trou avec des épingles de plus en plus grosses jusqu'à ce qu'on puisse y introduire un anneau en bambou, en coquillage, en fer ou en ivoire. Cette parure est hideuse et ne se rencontre que sur les bords du Chiré, à partir du village de Missangé.

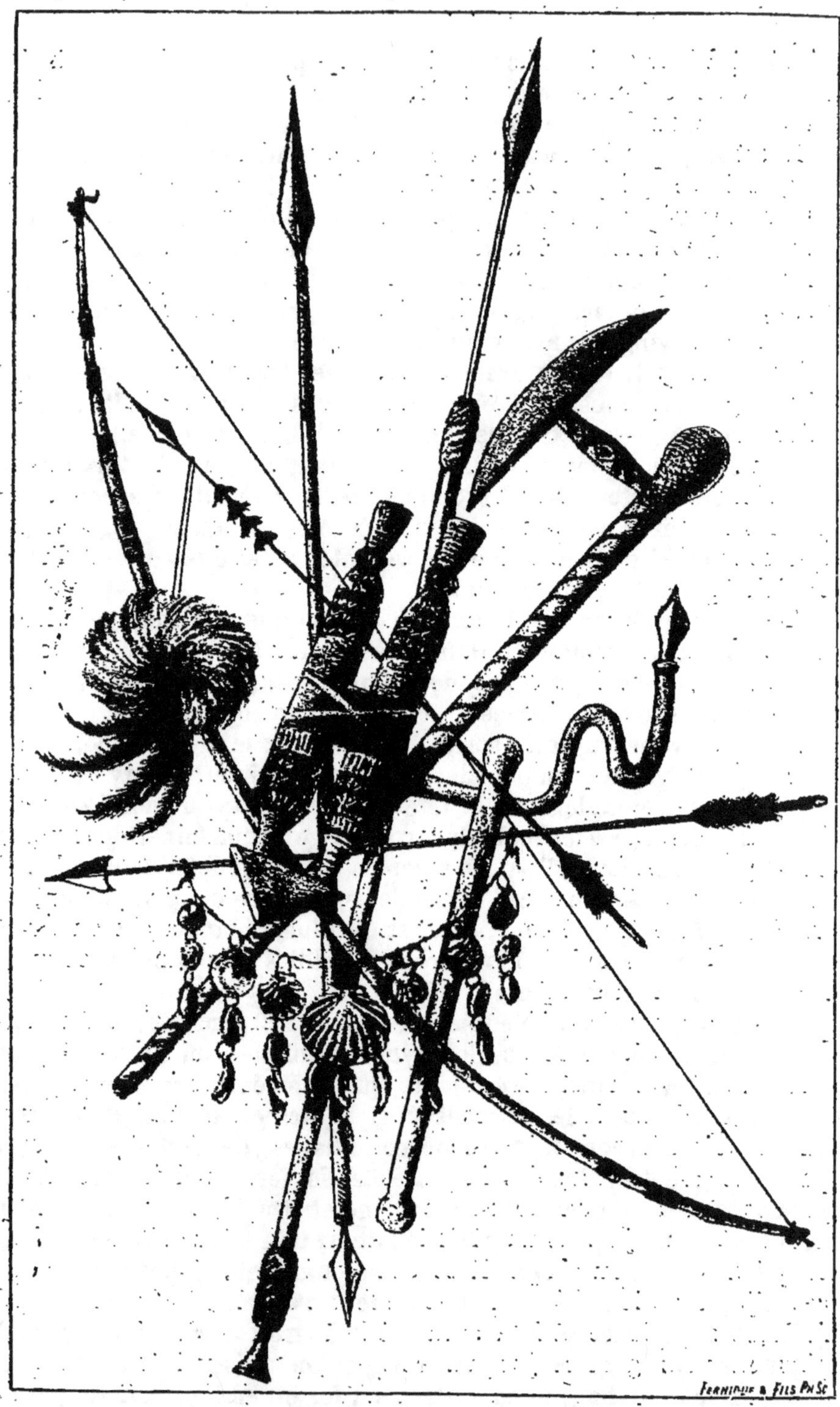

COIFFURE, COLLIER ET ARMES DE GUERRE DES NATURELS DU ZAMBÈZE.

(Croquis de M. P. Guyot.)

Les hommes portent aux bras et aux jambes les mêmes anneaux que les femmes et, de plus, des bracelets en poil d'éléphant.

Les noirs des deux sexes se percent les oreilles pour y passer de petits fragments d'os ou de bois.

V

LES ARMES.

Comme arme défensive, les naturels de la vallée du Zambèze ont un bouclier en peau de buffle de forme ovale, que le guerrier tient devant lui à l'aide d'un bâton dont les extrémités sont passées dans deux courroies fixées au cuir. Ce bouclier n'est pas à l'épreuve des balles de revolver, mais peut très bien parer un coup de lance ou une flèche; il a souvent la hauteur d'un homme et lui couvre complètement le corps.

Les armes offensives sont la hache ou *machado*, le couteau, l'azagaie ou lance, et les flèches.

Les arcs sont primitifs, faits de bois dur, ordinairement rougeâtre, amincis aux deux extrémités, et ont pour corde un boyau de poisson. Ils sont parfois ornementés d'anneaux de laiton ou de bagues en poil de divers animaux.

Les flèches affectent plusieurs formes : tantôt le fer est un trèfle à pointes aiguës; tantôt il ressemble à une feuille lancéolée; d'autres n'ont qu'une pointe de fer très fine, ou une brochette en bois très pointue. La flèche à fer barbelé et celle à panons sont très communes au-dessus de la Lupata. Dans le bas Zambèze, on fait plus généralement usage de la flèche simple, composée d'un roseau à l'extrémité duquel on fixe un fer assez léger. Nous n'avons rencontré aucun naturel sachant tirer de l'arc en se couchant sur le dos et en le bandant à l'aide de ses pieds, comme cela se fait sur la côte occidentale.

Nous n'avons pu recueillir aucun renseignement sur la composition du poison dans lequel les naturels de la Maganja (rive gauche du Zambèze) trempent leurs flèches.

L'azagaie ou lance de guerre et de chasse a quelquefois 1^m,75 de longueur; elle se compose du fer, du manche et du contrepoids ou plat. Le fer, de forme ovoïde, a souvent de 30 à 50 centimètres; il est fixé à l'extrémité du manche, du même bois que les arcs. Des spirales de fer garnissent les deux bouts de la hampe, terminée par un court morceau de même métal aplati dont la grosseur est calculée de façon à faire contrepoids et à imprimer à l'arme, quand on la lance, le mouvement rotatoire d'une balle de carabine. Les azagaies sont aussi ornées de fils de laiton et de poils d'éléphant; nous en possédons dont le manche est totalement recouvert d'un très joli tissu en fil métallique tressé.

En guerre, le noir tient ordinairement cinq de ces lances dans la main gauche, son bouclier et une autre azagaie très petite, presque toujours en fer : c'est l'arme de miséricorde ou de secours. Tandis que les premières sont lancées par la main droite, puis ramassées sur le champ de bataille et rejetées de nouveau, la dernière ne quitte jamais le guerrier et lui sert à parer les coups de ses ennemis lorsqu'on en vient à la lutte corps à corps.

Les couteaux ou poignards sont souvent très bien travaillés; le manche, de bois ou d'ivoire, est garni sur le dessus de dessins gravés; la lame est en fer brut, tranchante des deux côtés, très pointue, repoussée sur la moitié de sa largeur dans le sens de sa longueur. La gaine qui l'enferme est faite de deux morceaux de bois réunis et attachés par des fils de laiton ou des boyaux; elle est ornée, comme le manche, de dessins assez réguliers. Quelques chefs ont des couteaux à gaines doubles.

Les haches varient beaucoup; il en est dont le manche est court et le fer large et plat; d'autres, qui ont 60 centimètres de longueur, sont traversés par un fer de même dimension, recourbé à sa partie non tranchante. A Moutankois, nous en avons vu une dont le fer, plusieurs fois recourbé sur lui-même, était surmonté d'un bouton en forme d'olive. Presque toujours ces instruments sont sculptés et diversement ornementés.

VI

DOMINGO.

Le 21 mai, nous nous trouvons à Msengé, où nous campons.

Le chef de ce village, Domingo Jaia, qui était absent au moment de notre arrivée, vint le lendemain nous rendre visite. C'est un grand et sec vieillard, couvert de blessures que nous n'osons pas qualifier d'honorables. Ce fut un des chefs importants de l'armée de Marianno l'Ancien, pendant les guerres que ce despote fit, il y a un quart de siècle. Avec lui il se livra à tous les brigandages possibles, fût mêlé à toutes ses orgies, à tous ses excès; il regrette ce bon temps et se plaint amèrement d'être, depuis de longues années, affligé d'une maladie des plus opiniâtres qui ne lui permet plus de tenir tête, pour la boisson, aux grands dont il a composé sa cour. Son premier discours se termine par une demande de remèdes, et, incidemment par une réclame d'eau-de-vie destinée, dit-il, à tuer le froid. Après avoir humecté son gosier, Sa Grandeur Domingo voulut bien s'intéresser au but de notre séjour dans ses domaines, et ayant appris que nous voulions aller à *M'bona* et gagner à pied le Malahoué, il nous déclara respectueusement que nous ne passerions pas avant d'avoir fait prévenir le chef indépendant de M'bona, qui daignerait peut-être venir lui-même nous chercher. Domingo ajouta qu'il était indispensable de remettre à l'homme qui serait notre ambassadeur un sagaouati de premier ordre, c'est-à-dire une bouteille d'eau-de-vie. Nous nous exécutons.

En attendant le retour de notre représentant, qui ne doit s'effectuer que vers le milieu de la journée, nous nous occupons à visiter les bords du Chiré et à chasser la perdrix rouge, nombreuse dans les environs.

Pendant ce temps, Domingo était allé revêtir son vêtement des jours de fête, un châle rouge, à bordure violette, qu'il porte en peplum, puis il nous amène sa femme et sa fille, âgée d'environ une dizaine d'années. La présentation faite solennellement avec force battements de mains, le maître autorise ces dames à nous faire le cadeau qu'elles avaient préparé pour nous. Voici en quoi il consistait : un jeune cabri blanc, un corbillon de riz non décortiqué, un autre de riz décortiqué, une poule, un paquet de dix cannes à sucre de 1ᵐ,50 de longueur et plusieurs régimes de bananes fines à conserver. Ce cadeau important ne pouvait être payé que d'une manière royale; nous ouvrîmes notre boîte à bijouterie et priâmes ces dames de choisir. Elles furent modestes, et, vu le peu de valeur de nos articles de Paris, nous crûmes devoir leur donner en outre quelques autres fantaisies.

Lorsque la cérémonie des échanges fut terminée, Domingo réclama sa part, et prenant une gourde, il nous pria de la lui faire remplir d'eau-de-vie, afin qu'il pût tenir conseil avec ses grands.

Le conseil dura environ une heure, au bout de laquelle notre hôte revint nous offrir un corbillon vide pour enfermer le riz qu'on nous avait donné. Voulant nous montrer le système de fermeture de son panier, il tomba à terre et ne put se relever. Le grand guerrier était vaincu par l'alcool, et Pedro, l'un de nos hommes, dut le ramasser et le rentrer dans sa case, où il cuva tout à son aise les délibérations de son conseil.

Après avoir fait quatre kilomètres dans les friches, nous arrivons au village de *Cambimbé*, où nous nous arrêtons.

VII

CAMBIMBÉ

Cambimbé est formé d'une quinzaine de cases; il est situé au pied du Malahoué, au milieu de débris de roches quartzeuses et granitiques éboulées de la montagne au moment des grandes pluies. On cultive aux environs la canne à sucre, du chanvre, du sorgho, du maïs, du sésame, des ricins. Ici, les naturels ne se contentent pas de fumer les feuilles du chanvre; ils en écrasent les tiges et en font une espèce de filasse qu'ils convertissent en fil, ficelle et mèche. Dans une case de ce village, nous avons trouvé une lampe toute montée; elle était formée d'une calebasse de petite taille, coupée à une hauteur convenable; là bobèche était faite avec un nœud de

roseau percé pour laisser passer la mèche. Trois morceaux de
bambou, coupés de façon à enfermer la calebasse dans un triangle,
formaient les bords d'un panier en filet de chanvre destiné à sou-

tenir la lampe, qu'on suspendait à la voûte de la paillotte. Pour
obtenir leur huile à brûler, les naturels écrasent la graine de sésame
dans un mortier, recueillent l'huile qui suinte avec un paquet
de filasse qu'ils tordent ensuite pour faire tomber la matière

grasse dans une calebasse. Les tourteaux sont jetés aux champs.

Dans tous ces villages, l'industrie où le noir excelle est, sans contredit, le tressage de la paille; il recueille les feuilles du palmier, les coupe à la largeur convenable, laisse sécher la paille après l'avoir mise en paquets, puis en fait de très jolis ouvrages, tels que nattes, fumbas, cabas de toutes grandeurs en deux pièces, se fermant très bien en s'emboîtant l'une dans l'autre, des corbillons ou panches. La fumba ne se fabrique pas d'une seule pièce, mais par bandes de 10 centimètres de largeur, que l'on réunit au moyen d'une couture ou d'un surjet tressé. Les corbillons sont terminés par un cercle en bois, quelquefois large de 8 centimètres, sur lequel des arabesques variées sont dessinées à l'aide d'un fer rouge. Le couvercle, bien moins profond que le récipient, s'ajuste avec quatre tresses placées en croix sur le corbillon fermé. Les vases habituels sont ordinairement des calebasses de toutes formes ou des cocos sciés, parfois sculptés et emmanchés. Dans des rondelles de bois dur, ils se creusent des plats et des assiettes, et font des nattes avec de grands roseaux coupés en baguettes plus ou moins larges.

Dès notre arrivée à Cambimbé, nous nous renseignons sur l'existence de la houille près du Malahoué, mais notre demande est chose nouvelle pour eux, et ils ne peuvent nous donner aucune indication. Une promenade aux environs de la montagne nous apprend bientôt que nous n'avons rien à espérer de ce côté. Nous allons ensuite à quelques centaines de mètres vers le sud de Cambimbé; là coule, entre d'immenses blocs de granit et de quartz, un torrent dont l'eau est très claire, fraîche et abondante. Nous le suivons et, à 15 mètres d'élévation, nous rencontrons une superbe cascade. Un espace de plus de 100 mètres carrés est pavé de granit presque uni, et marbré de veines d'un blanc éclatant. Dans un coin, à gauche, se dresse une belle muraille du sommet de laquelle l'eau tombe en cascade dans un petit bassin et de là s'écoule dans la vallée. Au sommet de la cascade et dans les fentes des rochers croît une très belle végétation. C'est avec plaisir que nous buvons de cette eau pure qui nous paraît d'autant meilleure que, depuis notre entrée sur le Chiré, nous en sommes réduits à boire de l'eau marécageuse filtrée. Le lit du torrent est extrêmement tortueux, difficile à suivre; la roche est remplie de mica, et, par-ci, par-là, nous apercevons de petits filets brillants, à aspect métallique, qu'à l'analyse nous reconnaissons pour de la plombagine.

Le 23 mai, nous partons vers sept heures du matin pour faire l'ascension du Malahoué; le seul chemin qui existe dans la montagne est le lit du torrent. Nous le remontons, mais il est des plus difficiles; ici, il faut se suspendre aux roches, mettre le pied sur des pointes de quartz, s'accrocher aux pierres, aux racines d'arbres, s'élever comme on le peut en risquant une chute à chaque pas; là, on passe l'eau en sautant de roche en roche, ou en barbotant dans un liquide, pur il est vrai, mais passablement froid. Ailleurs, tandis que le torrent tombe en cascade, il nous faut contourner les roches et faire mille détours avant de reprendre la bonne voie. Puis on arrive sur un terrain plat; un sentier longe le torrent, mais il est rempli d'humus, de roseaux et d'eau croupie venant de quelque faible fissure du réservoir. Tout à coup, on se trouve au bord d'un canal creusé dans le roc, long de 30 mètres, profond, alimenté par une cascade de 20 mètres de hauteur, d'où l'eau tombe en une seule colonne. A chaque pas le paysage change, la montagne présente de nouvelles beautés, des points de vue superbes dont un peintre saurait certainement faire son profit.

Notre ascension dure trois heures, et nous arrivons ainsi sur un plateau à 305 mètres d'altitude au-dessus de Cambimbé. Après quelques minutes de repos, nous suivons en plein bois un sentier rapide; nous descendons dans une vallée où nous trouvons un vaste champ de sésame; puis, à travers des friches herbeuses de 2 mètres de hauteur, nous gravissons une nouvelle côte et aboutissons enfin à un deuxième plateau. Nous nous trouvons à 355 mètres d'altitude et sommes à peine à moitié de notre chemin.

<h2 style="text-align:center">VIII</h2>

MACHADO.

C'est au Guingue que nous avons rencontré Machado et son associée dona Luize. Lui, ancien soldat portugais, travailleur hardi et intelligent, était venu dans la colonie sous la foi des promesses du gouvernement, qui présentait le pays comme civilisé, comme totalement purgé des pillards qui y pullulent encore. Il fut vite désabusé, mais il était trop tard, il ne pouvait plus retourner en Europe. Il échoua, après bien des tâtonnements, près de Massangano et y rencontra celle qui devait lui tenir quelque temps compagnie et lui apporter des terres et des esclaves. Il lia sa vie à celle de dona Luize. Mais qu'est cette femme? Physiquement, elle est grande, belle, bien constituée, noire, les yeux vifs, brillants, les mains fines, potelées et la peau douce. Vêtue avec goût d'un pagne aux couleurs éclatantes, couverte de bijoux en or travaillés au pays, elle règne et domine sur ses terres. Ce n'est qu'en se courbant que ses nègres s'approchent d'elle, à un signe ils rampent à ses pieds.

D'origine indo-portugaise par ses ancêtres paternels, d'origine noire par la ligne maternelle, elle paraît réunir au plus haut degré les vices de sa race, qui est celle des *chats-tigres* (Bonga), la plus puissante de la Zambézie. De son premier mari la chronique ne dit rien; il vint un jour, puis disparut. L'eau du fleuve le reçut, dans son sein. Belchior fut le second époux de la jeune femme. Il est vrai que leurs caractères sympathisaient et sous leur administration commune, la caisse se remplit et le commerce fructifia. Belchior s'entendait à la traite des noirs ; il était passé maître en art. C'est sous son règne qu'eut lieu la dernière campagne des Portugais contre Santa-Cruz, le chef de Massangano, campagne qui devait se terminer par la destruction des troupes européennes. Dona Luize fut obligée de se prononcer soit en faveur de son frère, soit pour les Portugais ; elle choisit ces derniers et se fit une réputation de bonne alliée. Hélas ! les Portugais ouvrirent trop tard les yeux et payèrent trop cher leur aveuglement. Belchior devait assurer le service entre Tèté et Sena, par la rive gauche du fleuve, pen-

UNE RUE DE LA VILLE DE TÉTÉ.

(Croquis de M. P. Guyot.)

dant que les troupes attaqueraient Bonga par la rive droite. Voici comment il l'assurait : les blessés recevaient à Zangar (Loan du Guingue) l'hospitalité la plus large et étaient soignés avec affection et dévouement ; une fois convalescents, ils se dirigeaient vers Tèté et Sena, mais peu y arrivaient. Des émissaires de dona Luize les attendaient sur la route, les assassinaient et les dépouillaient de leurs armes. De plus, pendant ces temps de troubles les négociants du haut et du bas Zambèze payaient, pour aller de Quellimane à Tèté, une demi-livre sterling par cipaye ou noir armé qui escortait la caravane ou les embarcations.

Neuf fois sur dix, les convois étaient attaqués et pillés ; bienheureux le propriétaire des marchandises lorsqu'il pouvait s'en tirer sans aucune blessure ! Et les pillards n'étaient autres que les hommes de dona Luize, qu'elle avait envoyés, à l'insu de Belchior ;

pour détrousser les voyageurs. Le mari était payé pour protéger; la femme rançonnait; tout le profit entrait dans la caisse commune.

On sait comment la campagne se termina; l'armée portugaise, taillée en pièces par l'armée de Massangano, resta sur place, et les têtes des morts furent plantées sur les pieux qui entourent la maison de Bonga deuxième du nom. Les crimes restèrent ignorés et impunis. Belchior mourut, et Machado le remplaça dans le cœur de la jeune souveraine.

Tout marcha bien pendant quelques années et le ménage vivait en bonne intelligence avec celui de son beau-frère, quand un beau matin une querelle s'éleva entre le Guingue et Massangano. On fut sur le point de se battre. Deux femmes esclaves de Bonga s'enfuirent de sa demeure, et après mille aventures tombèrent entre les mains des hommes de Machado, qui les retint prisonnières. De tout temps un accord tacite avait réglé cette question, et on ne peut citer aucun exemple que

NOIRS FABRIQUANT UN PAGNE DE PERLES (A TÉTÉ).

(Croquis de M. P. Guyot.)

les fugitifs n'aient pas été rendus à leur propriétaire, qui leur faisait alors payer de la vie leur escapade. Machado refusa de rendre à Bonga ou à ses émissaires les deux malheureuses qui avaient assez souffert pour chercher leur délivrance dans une fuite où elles avaient quatre-vingt-dix-neuf chances de périr pour une d'être sauvées.

Bonga, ne pouvant entrer de suite en campagne, riposta en faisant saisir, peu de temps après, une almandia de Machado et l'ivoire dont elle était chargée. Il y eut des réclamations de part et d'autre, et le gouverneur portugais de la ville de Tété fut indirectement informé des griefs qui existaient entre les deux parents. Le ministère avait jadis déclaré que tous les citoyens de la Zambézie étaient libres et que l'esclavage était aboli; le gouverneur prit parti pour dona Luize, fit équiper un canot et se rendit à Massangano. Il fut reçu par Bonga, qui, pour lui faire honneur, ouvrit la case de son prédécesseur et autorisa l'officier à se reposer sur la royale natte ayant servi de lit mortuaire au vieux bandit qui pilla le Zambèze.

Le lendemain, eut lieu une conférence particulière dans laquelle le gouverneur démontra à Bonga que, pour obtenir l'amitié du Portugal, il fallait considérer les noirs comme des gens libres de s'en aller quand cela leur plaisait; qu'on ne pouvait leur faire un crime de changer de maîtres; enfin que ces femmes s'étant réfugiées au Guingue, elles étaient devenues citoyennes de ce prazo, de la même manière que des gens du Guingue deviendraient tributaires de Massangano, s'ils trouvaient bon de se réfugier sur les terres de ce canton.

Bonga fut longtemps avant de se rendre compte de cette théorie; il l'accepta enfin et donna l'ordre de renvoyer à sa sœur l'almandia et l'ivoire saisi. Ainsi finit la querelle entre les deux territoires. Répugnait-il à Bonga d'attaquer sa sœur, ou craignait-il de ne pas être le plus fort? Mystère. Il fut plus fin que ne le pensa le gouverneur, et il chargea un autre du soin de sa vengeance. Il dévoila la conduite de Belchior et de sa compagne pendant la dernière guerre et fournit les premiers renseignements sur les massacres commis à Zangar. Le gourverneur rentra à Têté, ouvrit une enquête, acquit bientôt la preuve que les faits avancés étaient exacts et que dona Luize ne valait pas mieux que les autres.

Pendant l'enquête, Machado fut nommé capitaō-mor du Guingue et le gouverneur décoré et rappelé en Europe. Le commandant Boijaō le remplaça : homme droit, juste et savant estimé qui avait longtemps séjourné dans les colonies de la côte occidentale de l'Afrique, il arriva dans le pays et dès les premiers jours s'aperçut que la Zambézie n'était pas ce que les Portugais en pensent : le paradis des colonies. C'est lui qui écrivit au ministère de Lisbonne cette fameuse lettre par laquelle il déclarait que son pavillon avait été insulté pendant qu'il naviguait sur le grand fleuve.

M. Boijaō trouva, dans les notes officielles de son prédécesseur, les documents relatifs à l'enquête et la poursuivit. Dès qu'il eut les preuves en main il écrivit à Machado et lui reprocha d'associer son existence à celle d'une femme qui avait fait assassiner des Portugais comme lui. « Votre devoir, ajoutait-il, serait d'envoyer cette femme à Quelimane pour qu'elle y fût jugée. » Cette lettre et quelques autres plus vives qui la suivirent dégoûtèrent Machado, lui firent prévoir qu'un jour ou l'autre il serait appelé à combattre les Portugais; aussi résolut-il de quitter le pays, de rentrer dans sa patrie, en un mot de couper court à toutes les discussions en abandonnant le Loan. Mais dona Luize, en vraie fille du vieux Bonga, n'admit pas une pareille solution; elle entoura son préféré d'une surveillance active, et tous les jours ses noirs lui rendirent compte des faits et gestes de son prisonnier. Machado voulut fuir; au dernier moment les embarcations lui manquèrent, et ses jours furent comptés.

Nous nous souvenons encore de ce bel homme, à la tête énergique, qui s'en allait rêveur et soucieux autour de ses habitations. Il pressentait sa fin prochaine; il sentait qu'il sombrait et tâchait de se rattraper à toutes les branches de salut qu'il entrevoyait. Un instant, il espéra se joindre à notre mission et disparaître ainsi du Guingue; mais la surveillance dont il était l'objet empêcha cette nouvelle combinaison de réussir. Peu de jours avant de nous recevoir, en quittant un membre de notre mission qui nous précédait, il lui donna à entendre qu'il y aurait bientôt du nouveau au Loan. En effet, quelques heures après notre départ, une scène nouvelle eut lieu entre les deux conjoints. Que se passa-t-il? Seule aujourd'hui dona Luize le sait. Machado se mit à table, et peu d'instants après il était pris de vomissements qui amenèrent rapidement sa mort. Il fut inhumé dans sa propre chambre; sa maison fut close et transformée en chapelle funéraire. Une croix a été plantée au sommet de la toiture, et un drapeau noir, mis en berne, indique que la mort est passée par là, qu'elle a fauché le chef du Prazo et que sa succession est ouverte. Qui ira la recueillir? Qui ira lier son existence à celle de la riche mais criminelle dona Luize de Santa-Cruz? Quel sort l'avenir réserve-t-il au Prazo du Guingue et aux malheureux qui l'habitent? Est-ce la guerre, est-ce une soumission, est-ce un oubli passager du différend? Bien lourde sera la tâche du nouveau capitaō-mor du Guingue.

IX

TÉTÉ.

Tété, l'une des plus anciennes villes habitées par les Portugais dans leurs colonies africaines, est aujourd'hui bien déchue de sa splendeur. Un fort situé à peu de distance du grand fleuve la protégeait jadis, et une muraille, dont il ne reste actuellement que des vestiges, pouvait garantir les habitants des incursions des Landins et des Cafres, qui viennent de temps en temps piller la ville et rançonner les rares trafiquants qui osent encore y habiter.

Tété est la résidence d'un gouverneur militaire dont le pouvoir s'étend depuis Zoumbo jusqu'à Sena. Il habite un palais dit du Gouvernement, dont l'entrée regarde le fleuve; cette habitation est la plus misérable de toutes celles que les Européens ont fait construire dans le pays.

Ces maisons des Européens, construites en torchis et recou-
vertes de chaume, sont au nombre d'une trentaine; elles appartiennent pour la plupart à des officiers mariés à quelques femmes
du pays, ou à des négociants qui importent des spiritueux frelatés
et des étoffes de diverses provenances.

La propreté de la ville laisse fort à désirer; les immondices sont
jetées dans la rue et enlevées par les nombreux porcs qui parcou-
rent journellement la cité et par les hyènes ou *Kisoumbes* qui

MONT BARAMOUANA (SUD DU ZAMBÈZE).

(Croquis de M. P. Guyot.)

pénètrent parfois jusque dans l'intérieur des habitations. La nuit,
le sommeil est troublé par les hurlements des chiens.

Dès le coucher du soleil, vers les six heures, on se confine dans
sa maison; il faut des cas exceptionnels pour qu'un habitant sorte
de chez lui et aille en visite chez un autre. Les rues ne sont pas
éclairées, et l'on risque à chaque pas de tomber dans les roches qui
encombrent les passages.

Ce qu'il y a de mieux installé à Tété, c'est l'infirmerie militaire,
qui sert d'hôpital civil pour les blancs et les noirs. Elle est presque
au bord du fleuve, dans la partie sud-est de la ville, et dirigée par

le médecin du bataillon en garnison; un infirmier en est le seul
surveillant.

Une douzaine d'ânes gambadent dans les rues de Tété et brou-
tent les plantes qu'ils y rencontrent. Ces ânes, fort beaux du reste,
vivent en véritables rentiers et passent leur existence à pâturer et

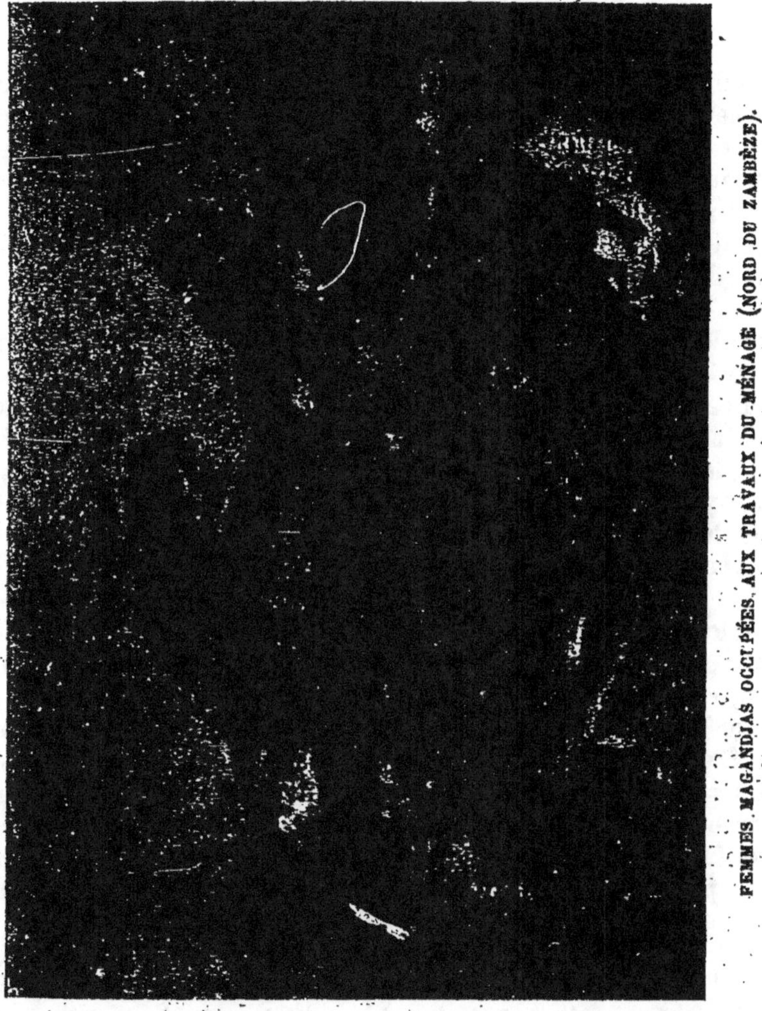

à dormir dans les rues sans aucun gardien. Chose étonnante, il
n'arrive jamais d'accidents, malgré le grand nombre d'enfants qui
pullulent dans la cité. Il faut que les Portugais de la colonie soient
aussi paresseux qu'ils le sont pour ne pas employer ces animaux à
un travail utile. Leurs femmes, agenouillées devant une meule de
pierre, écrasent le grain à la manière des Cafres, tandis que les
ânes se reposent en liberté. Il serait si facile d'établir des moulins
mus par ces animaux lorsque les vents, violents et fréquents dans

ces parages, ne les feraient pas tourner. Ces gens, venus soi-disant pour civiliser le pays, n'ont su jusqu'à présent qu'imiter la brutalité des sauvages.

X

PANDORO LA PRÊTRESSE.

La religion de la vallée du Zambèze est le fétichisme ; les naturels choisissent indistinctement leurs dieux dans les trois règnes de la nature. Des insectes aussi bien que de grands animaux, des végétaux et des montagnes sont l'objet de leur culte. Leurs prêtres sont des sorciers qui, médecins aussi, cèdent à des prix souvent fabuleux des amulettes, utiles dans toutes les circonstances de la vie, et qui varient de forme et de composition, selon l'usage auquel on les destine.

Les coléoptères, à cause de leur grande taille et de l'éclat de leurs couleurs, sont l'objet du commerce journalier des prêtres du Zambèze. Les genres anthies et carabes sont assez répandus ; les manticores le sont moins. Comme amulettes, on peut se procurer à bon compte les bousiers, les hannetons, les scarabées, les brentes et les bachycères ; ces derniers sont les plus vénérés. Leur taille, parfois de la grosseur d'une noix, et leur forme assez irrégulière les font rechercher des naturels, qui en ornent leur cou, les attachent à leurs armes, à leurs pipes, et leur vouent une profonde vénération. Ils emploient aussi dans le même but le lucane cerf-volant et le grand capricorne ; mais la puissance de ces derniers est moins grande, et, par conséquent, ils sont moins estimés.

Ils ne s'aventurent jamais à la chasse sans porter au cou le *daoua*. C'est un talisman qui les rend invulnérables ou capables de tuer tous les animaux qu'ils rencontrent ; ils ont de plus une amulette de bois ou d'os dont ils touchent chacune des balles qui entrent dans le fusil. La queue du zèbre est le grand talisman de guerre ; secouée par un noir à hauteur du visage, elle préserve de la balle des ennemis.

Quand un sorcier est sollicité par un noir pour un *daoua* de chasse, il va couper une racine d'un arbre particulier, la fait sécher et la réduit en poudre. Cette poudre, enveloppée dans une feuille de bananier, est renfermée dans un sachet que le noir se suspend au cou ou attache à son pagne. Les grands chasseurs d'éléphants ne se contentent pas du sachet qui leur fera découvrir des animaux, mais ils se feront encore rendre invulnérables. A cet effet, le sorcier entaille la main droite à plusieurs places, y met de la poudre de sa racine et la fait brûler sur la chair. Cette brûlure laisse des cicatrices pour toute la vie. Quelques fanatiques se font répéter cette opération sur le front et derrière la tête.

Il arrive de temps en temps que le *daoua* ne fait ni trouver ni tuer les éléphants ; alors le chasseur va chez le sorcier et lui explique que le talisman n'a produit aucun effet. Parfois celui-ci rend le cadeau reçu ; mais, le plus souvent, voulant garder son prestige, il dit au chasseur qu'il a un ennemi, lequel possède un *daoua* plus puissant que le sien et que, tant que cet homme vivra, il ne réussira dans aucune entreprise. Le noir part tout rêveur, cherche quel peut être son ennemi, et quand il croit l'avoir découvert, l'attend au coin d'un bois et le tue. Si l'assassin est un grand personnage, l'affaire ne va pas plus loin ; mais si le mort a un ami qui n'a pas peur, il tue le chasseur à son tour, et il n'y a pas de raison pour que cela finisse. Il a bien dû arriver quelquefois que le noir a regardé le sorcier comme son seul ennemi et lui a fait un mauvais parti.

Près du village de Palira, sur les bords du Moatizé, croît un ficus superbe ayant à son pied deux euphorbes triangulaires. Cet arbre est *tabou* (1), et nul n'oserait y toucher. C'est à l'abri de ses branches qu'une prêtresse, du nom de Pandoro (lion), vient exercer ses fonctions et conjurer les maléfices des lions.

Pandoro est jeune et jolie. Un dimanche, elle arrive au campement bien vêtue et avec une plume de coq sur la tête. Trois petites filles couvertes de pagnes aux couleurs éclatantes et trois mulecks la suivent. Elle s'arrête sous l'arbre tabou, où on lui apporte une natte en palmier, et tous les hommes des villages environnants s'assoient autour d'elle, mais à une distance respectueuse. Ils battent trois fois des mains et le plus complet silence s'établit. Debout sur sa natte, le poing gauche sur la hanche, elle prononce en quelques phrases son exorcisme, puis se rassied avec majesté et accepte les présents qu'on veut bien lui faire et qu'on ne manque pas de lui offrir. La séance dure trente à quarante-cinq minutes, et la sorcière se retire avec le même sérieux qu'en arrivant.

Les exorcismes de Pandoro reposent sur cette croyance que les âmes des hommes, au moment de la mort, passent dans les corps d'animaux d'un ordre d'autant plus élevé qu'ils ont occupé une position plus ou moins brillante. Tuer un lion serait risquer de mettre à mort un ancien chef de tribu ; mieux vaut s'incliner devant lui. A notre arrivée à Palira, un vieux lion avait, quelques jours auparavant, enlevé une femme dans un village des environs, entre quatre et cinq heures du soir, et l'on n'avait retrouvé que la tête de la malheureuse. Le chef du village fit demander la sorcière pour qu'elle purifiât la localité et qu'elle conjurât le roi des animaux de ne plus revenir ; la victime devait être suffisante pour expier les méfaits qu'on avait pu commettre.

(1) Un objet *tabou* est celui dont le contact, impur et interdit, est puni de malédiction.

Ayant su que nous avions des fusils, cette brave sorcière nous envoya un de ses ministres pour nous inviter à respecter le lion en cas de rencontre. Voulant connaître de près une personne si respectée dans le pays, on l'invita à dîner au campement. Elle accepta sans façon, mangea avec ses doigts et de grand appétit, but de même ; puis, voyant que la réception confortable que nous lui faisions tirait à sa fin, elle ne trouva rien de mieux que de faire emporter plats et bouteilles par ses femmes. Cependant l'un de nous la trouva un peu trop libre lorsqu'elle lui enleva un mouchoir bordé de rouge qu'il avait dans sa poche. Mais comment se fâcher avec une jeune et belle femme, bien que noire, qui prétend être mariée avec les lions de la Zambézie et les porter tous dans sa tête !

Paul Guyot.

MOULIN A FARINE DE SORGHO
(Croquis de M. P. Guyot.)